BEI GRIN MACHT SICH IHF WISSEN BEZAHLT

- Wir veröffentlichen Ihre Hausarbeit, Bachelor- und Masterarbeit

- Ihr eigenes eBook und Buch - weltweit in allen wichtigen Shops

- Verdienen Sie an jedem Verkauf

Jetzt bei www.GRIN.com hochladen und kostenlos publizieren

Dirk Räbiger

Arbeitsteilung und Koordination (bei sequentieller Entwicklung)

GRIN Verlag

Bibliografische Information der Deutschen Nationalbibliothek:

Die Deutsche Bibliothek verzeichnet diese Publikation in der Deutschen National-
bibliografie; detaillierte bibliografische Daten sind im Internet über http://dnb.d-
nb.de/ abrufbar.

Impressum:

Copyright © 1998 GRIN Verlag GmbH
Druck und Bindung: Books on Demand GmbH, Norderstedt Germany
ISBN: 978-3-640-87695-2

Dieses Buch bei GRIN:

http://www.grin.com/de/e-book/96301/arbeitsteilung-und-koordination-bei-
sequentieller-entwicklung

GRIN - Your knowledge has value

Der GRIN Verlag publiziert seit 1998 wissenschaftliche Arbeiten von Studenten, Hochschullehrern und anderen Akademikern als eBook und gedrucktes Buch. Die Verlagswebsite www.grin.com ist die ideale Plattform zur Veröffentlichung von Hausarbeiten, Abschlussarbeiten, wissenschaftlichen Aufsätzen, Dissertationen und Fachbüchern.

Besuchen Sie uns im Internet:

http://www.grin.com/

http://www.facebook.com/grincom

http://www.twitter.com/grin_com

Universität zu Köln
Lehrstuhl für Wirtschaftsinformatik
Systementwicklung

Hauptseminar Wirtschaftsinformatik
im WS 1998

Thema-Nr. 2

Arbeitsteilung und Koordination (bei sequentieller Entwicklung)

vorgelegt von:
Räbiger, Dirk

Zusammenfassung

Die Sequentielle Entwicklung ist neben der Inkrementellen Entwicklung eine Vorgehensweise zur strukturierten Erstellung von Hardware-Software-Systemen. Das Wasserfallmodell, das in diesem Zusammenhang vorgestellt wird, ist eine Methode, die eine Anzahl definierter Phasen nacheinander abarbeitet, wobei die darauffolgende Phase erst begonnen werden darf, wenn die vorgelagerte Phase zu einem definierten Zustand des Objektes geführt hat.

Anschließend werden die Begriffe Arbeitsteilung und Koordination sowie deren verschiedene Formen erläutert. Die Arbeitsteilung gliedert sich in drei Schritte: Analyse, Segmentierung und Zuteilung. Die Analyse und Segmentierung richtet sich in der Art nach der Verrichtung und Merkmalen der Objekte. Koordination ergibt sich notwendigerweise aus der Arbeitsteilung und wird in den Formen der persönlichen Weisung, Selbstabstimmung und Programmen beschrieben. Die zunächst erklärten Begriffe und Formen werden dann unter folgenden Annahmen bewertet: Die Anforderungen an das System stehen anfangs fest. Sie ändern sich weder während der Entwicklung noch kommen neue Anforderungen hinzu. Die Softwareentwicklung selbst soll sequentiell gestaltet sein. Ziele der Arbeitsteilung und Koordination sind Kosten, Einhalten des Zeitplanes, Motivation der Mitarbeiter sowie die Qualität des Produktes.

II

Inhaltsverzeichnis

III

1 Sequentielle Softwareentwicklung

1.1 Einleitung

Das Ziel dieses Textes soll sein, den Prozeß der Softwareentwicklung in Hinblick auf Arbeitsteilungsmaßnahmen und Koordinationsmöglichkeiten zu untersuchen. In der Theorie und Praxis der Softwareeentwicklung finden sich verschiedene Modelle der Vorgehensweise. Wir werden uns auf die sequentielle Vorgehensweise, bei der (im Idealfall) die Projektphasen nacheinander abgearbeitet werden, beschränken. Sie soll im Abschnitt 1.3 kurz vorgestellt werden. Die Art der Arbeitsteilung und Koordination ist abhängig von der Unternehmensumwelt und wie man dieser begegnen will. Um den Rahmen dieser Arbeit nicht zu sprengen, sollen auch hier einschränkende Annahmen getroffen werden, die in Abschnitt 1.4 erläutert werden.

Arbeitsteilung besteht aus drei Teilprozessen, nämlich aus der Analyse, Segmentierung und Zuteilung. In Kapitel 2 werden die drei aufeinanderfolgenden Schritte genauer beschrieben. Kapitel 3 beschreibt schließlich die durch die Arbeitsteilung notwendig werdende Koordination. Um die in den erwähnten Kapiteln vorgestellten Arten der Arbeitsteilung und Koordination bewerten zu können, werden im Abschnitt 1.2 Kriterien herausgearbeitet.

1.2 Ziele der Softwareentwicklung

Die Ziele von Unternehmungen können vielfältig sein. Deshalb muß auch hier eine Auswahl getroffen werden. Es soll unterstellt werden, daß ein Ziel der Unternehmung ist, möglichst gute Qualität bei einem Minimum an Kosten zu erzeugen. Weiterhin soll der vorgegebene Zeitplan[1] eingehalten werden. Während Kostenminimierung und Einhaltung des Zeitplanes intuitiv

---

[1]s. Abschnitt 1.3

verständliche Variablen sind, ist es fraglich, was der Einzelne unter guter Software (und damit unter Softwarequalität) versteht. Wir können uns auf folgende Qualitätsmerkmale[2] beschränken:

Funktionalität: Die Funktionen, die in der Spezifikationsphase definiert wurden, sollen vorhanden sein und ordnungsgemäß arbeiten.

Zuverlässigkeit: Das System soll dauerhaft die Anforderungen erfüllen.

Benutzbarkeit: Der Anwender soll sich mit dem System schnell vertraut machen und einfach bedienen können.

Effizienz: Die Antwortzeiten sollen angemessen sein. Das System soll möglichst geringe Ansprüche an die Ressourcen stellen.

Änderbarkeit: Änderungen am Produkt sollen schnell und einfach zu vollziehen sein.

Übertragbarkeit: Die Software soll sich leicht auf andere Umgebungen übertragen und anpassen lassen.

Die genannten Merkmale müssen im Einzelfall genauer detailliert und in Hinblick auf den Erfüllungsgrad spezifiziert werden. Ein weiteres Ziel soll die Motivation der Mitarbeiter sein.

1.3 Das Vorgehensmodell

Im Bereich der sequentiellen Softwareentwicklung finden sich verschiedene Vorgehensmodelle.[3] Das *Wasserfallmodell* soll als ein Vertreter der sequentiellen Entwicklung vorgestellt werden. Im Gegensatz zur inkrementellen Vorgehensweise steht dabei die Implementation am Ende einer Kette von Phasen, die auch Rücksprünge zu vorgelagerten Entwicklungsstufen erlaubt. Die einzelnen Phasen werden nun kurz skizziert:[4]

---

[2]Vgl. DIN/Qualitätsmerkmale/
[3]Vgl. Stahlknecht/Wirtschaftsinformatik/ 242ff
[4]Vgl. Boehm/Software/ 35ff und Stahlknecht/Wirtschaftsinformatik/ 249ff

1. Die Initialisation eines Projektes beginnt mit der *Projektbegründung*, in der das Projekt verbal formuliert und gegenüber Alternativvorschlägen gerechtfertigt wird.

2. Im zweiten Schritt findet eine *Spezifikation der Anforderungen* statt. Das Ziel ist ein Soll-Konzept inklusive Anforderungsdokument und Zeitplan.

3. Ausgehend davon wird ein *Systementwurf* (zunächst grob und dann detailliert) erstellt. Dabei wird die Systemarchitektur (bestehend aus den Hard- und Softwarekomponenten) genau beschrieben.

4. Die *Realisierungsphase* enthält die Programmierung der Systemkomponenten sowie deren Tests.

5. In der *Implementation* findet eine Einbettung des Systems in seine Arbeitsumgebung statt. Diese Phase reicht von der Anpassung der schon existierenden Daten bis zum Training der Mitarbeiter.

6. Während des *Betriebs* muß das System, z.B. zur Einführung von Updates (Änderungen), *gewartet* werden.

Parallel zu diesen sequentiellen Arbeitsschritten finden prozeßbegleitende Maßnahmen statt. Zum einen handelt es sich um eine ständige Kontrolle, ob die Phasen korrekt durchgeführt werden (*Verifikation*) und ob das, was getan wird, überhaupt zur Zielerreichung angemessen ist (*Validation*). Stetige Qualitätsprüfung von Anfang des Projektes an ist Voraussetzung für kostengünstige Softwareentwicklung.[5] Zum anderen wird versucht, zu bestimmten Zeitpunkten des Geschehens (zu sogenannten *Milestones*) vorher definierte Zustände des Systems zu fixieren.

---

[5]Vgl. Boehm/Software/ 39f

1.4 Rahmenbedingungen

Im folgenden sollen vereinfachende Annahmen über die Umwelt gemacht werden. Diese stellen eine idealisierte Situation dar, die aber eine gute Ausgangssituation für die von uns betrachtete sequentielle Entwicklung bieten, da externe Störungen weitgehend eliminiert werden.

- Alle Anforderungen[6] an das Softwaresystem sind vor Beginn der Entwicklung in allen Einzelheiten definiert.

- Es kommen keine neuen Anforderungen während der Entwicklungsphase hinzu und die bestehenden ändern sich nicht. Das heißt, daß weder durch den Auftraggeber noch durch Dritte (Staat, Wettbewerber, u.s.w.) Ereignisse entstehen, die Einfluß auf die Systementwicklung haben.

Daraus folgt, daß schon zu Projektbeginn wichtige Informationen zur Verfügung stehen und nicht im Laufe der Entwicklung beschafft werden müssen. Es ist also davon auszugehen, daß im Grunde keine Rücksprache mit dem Auftraggeber gehalten werden muß, um ein Produkt herzustellen, das den Vorstellungen des Auftraggebers entspricht.

2 Arbeitsteilung

Die Arbeitsteilung verfolgt das Ziel, gegebene Aufgabenstellungen so zu strukturieren, daß sie effizient von Ressourcen (Menschen, Maschinen, u.s.w.) abgearbeitet werden können. Dabei können Effekte entstehen, die möglicherweise negativ auf die Motivation der Mitarbeiter wirken. Lösungen dieses Problems können unter anderem in der Aufgabengestaltung liegen.[7]

---

[6]s. Spezifikationsphase in Abschnitt 1.3
[7]Vgl. Frese/Grundlagen Organisation/ 133ff

4

Der Prozeß der Arbeitsteilung selbst läßt sich in drei grundlegende Schritte gliedern:[8] Analyse, Segmentierung und Zuteilung der Aufgaben.

2.1 Analyse

Bevor die zu erledigenden Aufgaben in kleine Einheiten zerlegt werden können, bedürfen sie einer vollständigen Spezifikation, die als Analyse bezeichnet wird. Neben den Aufgaben werden auch die Ressourcen vollständig beschrieben, um deren *Leistungspotentiale* zu kennzeichnen. Den Aufgaben werden *Lastpotentiale* zugeordnet.

Man unterscheidet zwischen einer *merkmalsorientierten* und einer *beziehungsorientierten* Analyse.[9] Aufgabenmerkmale sind z.b. gleichartige Bewegungsabläufe oder räumliche Nähe, während Ressourcenmerkmale die Qualifikation des Bearbeiters, technische Merkmale von Maschinen, u.s.w. betreffen. Die beziehungsorientierte Analyse beschreibt die Aufgaben und Ressourcen nach genereller „Zusammengehörigkeit", womit eine enge Verflechtung mit anderen Objekten gemeint ist. Zum Beispiel existieren auf der Aufgabenseite starke Abhängigkeiten bei der Bearbeitung mit den anderen Aufgaben oder es können durch die gemeinsame Bearbeitung große Zeitersparnisse auftreten. Das Ergebnis der Analyse besteht in einem Anforderungsprofil der Aufgaben und Leistungsprofilen der Ressourcen, die in einem nachgelagerten Schritt miteinander verglichen werden.

Das Wasserfallmodell enthält in der Anforderungsspezifikation eine Analyse der Gesamtaufgabe. Das Modell stellt implizit Anforderungen an die ausführenden Personen, da es die Rollen definiert, die in verschiedenen Phasen benötigt werden. Im Systementwurf und der Realisierungphase werden

---

[8]Vgl. Reiß/Arbeitsteilung/ 168
[9]Vgl. Reiß/Arbeitsteilung/ 170

detaillierte Anforderungen erstellt: welche Methoden- und Programmier-
kenntnisse notwendig sind, u.s.w. Hierbei wird also eine Analyse nach Merkmalen der Aufgabenträgern erstellt, die durch den Aufbau des Wasserfallm-
odells vorgegeben ist. Innerhalb der Phasen findet eine weitere Detaillierung
statt, wobei sich die gängigen Methoden des Entwurfs an Merkmalen der
Aufgabe orientieren und diese entweder top-down verfeinern oder buttom-up
vergröbern.[10]

2.2 Segmentierung

In der Aufgaben- und Ressourcensegmentierung, die sich an die Analyse
anschließt, wird eine Aufteilung der Aufgaben erreicht, wobei komplexere
Aufgaben zunächst in übersichtlicherere Teilaufgaben (Segmente) aufgeteilt
werden. Der Kontext (Interdependenzen zu anderen Aufgaben) tritt hierbei zunächst in den Hintergrund und wird später in der Aufgabenzuteilung
wieder aufgegriffen.

Mit der *Orientierung am Ausgangsobjekt*, der *verrichtungsorientierten
Zerlegung* sowie der *Orientierung am Zielobjekt* lassen sich drei Arten der
Analyse unterscheiden.[11] Bei der Orientierung am Ausgangsobjekt wird versucht, die zu verrichtende Aufgabe nach Eigenschaften der Einsatzobjekte
(z.b. Material, Personal) aufzugliedern. Analog bedeutet eine Orientierung
am Zielobjekt, daß eine Aufgliederung nach Aspekten des angestrebten Objektes erzielt werden soll. Ein Zielobjekt könnte z.b. ein zu entwickelndes
(Software-)Produkt sein. Schließlich wird bei der verrichtungsorientierten
Zerlegung nach ähnlichen Abläufen (z.B. gleichartigen Arbeitsschritten) während der Verrichtung zerteilt. Weiterhin existiert die Möglichkeit, eine *Men-

---

[10]Vgl. Stahlknecht/Wirtschaftsinformatik/ 282ff
[11]Vgl. Frese/Aufgabenanalyse/ 209

6

genteilung vorzunehmen, bei sich die Arbeitsträger eine Anzahl von gleichen Arbeitsobjekten aufteilen. Diese spielt in der Softwareentwicklung jedoch eine untergeordnete Rolle.

Es ist nicht möglich, den Prozeß der Softwareentwicklung nur einer Art der Segmentierung zuzuordnen. Das in Kapitel 1 vorgestellte Wasserfallmodell nimmt eine erste Zerlegung nach Zielobjekten vor, denn es zerteilt die Gesamtaufgabe in Phasen, an deren Ende (vorerst) fertige Ergebnisse stehen. Diese können sich zwar im Laufe der Gesamtentwicklung noch einmal ändern, sind nach einer abschließenden Prüfung aber zunächst verbindlich für die nachfolgenden Arbeitsschritte. Die Phasen selbst können wiederum in Teilaufgaben zerlegt werden. Beispielsweise erscheint es in größeren Projekten sinnvoll, die Spezifikation und den Systementwurf nach Objekten zu zerteilen. Angenommen, es handelt sich um ein Pizzataxi-Informationssystem, das sowohl die eingehenden Informationen (gewünschte Pizza, Zieladresse, Telefonnummer, ...) erfassen als auch eine möglichst gute Route für die Fahrer ermitteln soll. Hier bietet es sich an, die Teilbereiche „Datenerfassung" und „Tourenplanung" auf zwei unabhängige Teams aufzuteilen. Eine Segmentierung nach der Verrichtung ist vor allem dort sinnvoll, wo unabhängig vom Objekt gleiche Arbeitsschritte vollzogen werden. Die den ganzen Entwicklungsprozeß begleitenden Maßnahmen sind ein solches Beispiel. Hier sind auch Hilfswerkzeuge zu finden, die den spezialisierten Arbeitsprozeß unterstützen, z.B. Tools zur Unterstützung des Konfigurationsmanagements. Auch eine Zusammenfassung von Teilaufgaben mit dem Verrichtungsprinzip ist möglich. Zum Beispiel können Programmkomponenten in Modulen zusammengefaßt werden, wenn sie große Abhängigkeiten untereinander besitzen.

2.3 Zuteilung

Die Zuteilung ist die abschließende Zuweisung von Aufgabensegmenten zu Ressourcen, wobei nun der Kontext der Aufgabenstellung und des Aufgabenträgers beachtet werden muß, um herrschenden Abhängigkeiten und Beziehungen zwischen der Aufgabe und dem Aufgabenträger gerecht zu werden. Die Zuteilungsproblematik besteht aus zwei Dimensionen:[12] Erstens muß jedem Aufgabensegment ein anforderungsgerechter Aufgabenerfüller gegenübergestellt werden. Anforderungen, die ein Aufgabenpaket an den Bearbeiter stellt, müssen also mindestens erfüllt werden. Andererseits können auch Ressourceneigenschaften berücksichtigt werden.

Die andere Perspektive bezieht sich auf das raum-zeitliche Verhältnis zwischen den Aufgaben-Ressourcen-Komplexen. Jede Aufgabe nimmt eine (in der Analyse) festgelegte Zeit des potentiellen Aufgabenträgers in Anspruch und muß evtl. an einem bestimmten Ort bearbeitet werden. Neben diesen technischen Restriktionen sind noch weitere Nebenbedingungen rechtlicher (gesetzlich vorgeschriebene Pausenzeiten, Höchstdauerbeschränkungen) und sozialer Natur (Wünsche des Personals) zu berücksichtigen.

3 Koordination

In Anschluß an die Arbeitsteilung ergibt sich aus mehreren Gründen die Notwendigkeit der Koordination. Zum einen muß die Tätigkeit des einzelnen Aufgabenträgers durch Maßnahmen (Koordinationsinstrumente) in den Gesamtkontext eingebettet werden. Durch die Zerteilung einer Aufgabe in Teilaufgaben wird eine Reduktion der Komplexität erzielt. Damit verbunden ist allerdings auch, daß der einzelne Mitarbeiter den Überblick über den Ge-

---

[12]Vgl. Frese/Aufgabenanalyse/ 214f

samtkontext, in dem er sich mit „seiner" Teilproblemlösung befindet, verliert. In komplexen Problemsituationen herrschen Interdependenzen zwischen den Segmenten, die miteinander abgestimmt werden müssen. Insbesondere bei einer Segmentierung nach bestimmten Aufgabenerfüllungsfunktionen besteht ein hoher Bedarf an Koordination.[13] Die Handlungen der einzelnen Ressourcen müssen also auf das gemeinsame Unternehmensziel koordiniert werden.

Die Segmentierung der Aufgaben und Ressourcen als ein Prozeß der Arbeitsteilung schafft eine hierarchische Struktur: Oberaufgaben werden in kleinere Unteraufgaben zerteilt und zunächst getrennt betrachtet, damit sie effektiv bearbeitet werden können. Später müssen sie wieder zu der hierarchisch höher gelegenen Oberaufgabe zusammengefügt werden.[14] Anhand der Verläufe, die die Informationen nehmen, lassen sich zwei Arten der Koordination differenzieren:[15]

Die *Feedbackkoordination* ist reaktiv angelegt. Erst wenn Probleme auftreten, die nicht von dem Aufgabenträger gelöst werden können, wird die (hierarchisch) darüber liegende Ebene informiert, die ggf. wiederum Rat bei der nächsthöheren Instanz sucht. Der Ereignisstrom durchläuft die Organisationsstruktur also von unten nach oben: *buttom-up*. Der Weg bis zur Lösung eines Problems ist deswegen möglicherweise (je nach Organisationstiefe) lang und verhindert ein rasches Handeln.

Durch eine *Vorauskoordination* werden im Voraus Verfahrensmuster festgelegt, wie sich die einzelnen Organisationsmitglieder in bestimmten, zukünftig zu erwartenden Fällen verhalten sollen. Tritt eine Störung auf, die nicht in eine Problemklasse paßt, kann nicht vorhergesehen werden, wie die Organisation reagieren wird, da kein passendes Schema existiert. Dynamische

---

[13]Vgl. Eisenführ/Betriebwirtschaftslehre/ 62
[14]Vgl. Kiesen, Kubicek/Organisation/ 97f
[15]Vgl. Kiesen, Kubicek/Organisation/ 100ff

Umwelten, in denen sich die Organisation in schnell wechselnden Umweltsituationen wiederfindet, sind auf ein gewisses Maß an reaktivem Verhalten angewiesen. Bei diesem Koordinationstyp durchlaufen die Informationen die Hierarchie von oben nach unten: *top-down*. Eine starke Feedbackkoordination scheint unter den gegeben Rahmenbedingungen unangebracht, da es keine externen Störgrößen gibt, die sie notwendig machen könnten. Interne Störungen wurden aber nicht ausgeschlossen. Dazu zählen z.B. Krankheitsfälle, die einen durchgängigen Arbeitsprozeß verhindern, von Mitarbeitern falsch verstandene Spezifikationen, u.s.w. Eine passende Koordination berücksichtigt dies oder versucht, solche Störungen erst gar nicht aufkommen zu lassen.

Die nachfolgend aufgeführten Instrumente dienen der Koordination. Die Gliederung orientiert sich an den steuernden Medien.[16]

3.1 Koordination durch persönliche Weisung

Persönliche Weisung ist das am einfachsten zu handhabende Instrument der Koordination. Entscheidungen werden auf der obersten Hierarchieebene getroffen und an die direkt darunter angegliederten Ebenen weitergegeben, die ihrerseits eine Detaillierung der Aufgabe vornehmen und diese ebenfalls weitergeben, bis die unterste Ebene erreicht wird. Wenn die Anweisungen eine komplexere Struktur aufweisen, wird von den Entscheidern eine hohe Qualifikation gefordert.

Die Flexibilität und Reaktionszeit kann durch den Einsatz der persönlichen Weisung im Sinne einer Feedbackkoordination erheblich gesteigert werden. Eine zu starke Belastung dieses Instruments kann aber den gegenteiligen Effekt bewirken, wenn etwa Mitarbeiter wegen jeder Kleinigkeit ihre Handlungen beim Vorgesetzten absichern. Durch den Einsatz moderner, elektro-

---

[16]Vgl. Kiesen, Kubicek/Organisation/ 104ff

nischer Medien, etwa dem Internet, können persönliche Anweisungen auch über große Distanzen stattfinden. Die betroffenen Personen müssen sich nicht mehr „Auge in Auge" gegenüber stehen, damit Anweisungen schnell verbreitet werden können.

Dadurch, daß das Instrument seine Grenzen bezüglich Belastung und Anforderungen an die Entscheidungsträger hat, ist es nur als ergänzende Maßnahme denkbar, wohl aber nicht als zentraler Steuerungsmechanismus. Unter den genannten Rahmenbedingungen ist eine persönliche Weisung nahezu unnötig, da der komplette Handlungsablauf theoretisch im Voraus geplant werden und in Programmen[17] beschrieben werden kann. Kleinere Korrekturen (z.B. von falsch verstandenen Anweisungen) können hierdurch leicht erreicht werden.

3.2 Koordination durch Selbstabstimmung

Während in der Koordination durch persönliche Weisung Einzelpersonen Entscheidungen treffen, ist es auch möglich, einer Gruppe von Personen die Entscheidungskompetenz (Gruppenentscheidung) zu überlassen. Die Trennung der Instanzen in Planende und Ausführende kann somit aufgehoben werden, da die betroffenen Personen selbst über die eigenen Handlungen abstimmen.

Wir sprechen von einer Instrumentalisierung der Selbstabstimmung, wenn die Gruppenentscheidung offiziellen Charakter hat, d.h. für die betreffenden Mitarbeiter verbindlich ist und möglichst schriftlich dokumentiert wird. Inoffizielle Absprachen unter Mitarbeitern sind damit nicht gemeint. Es lassen sich mehrere Regelungen denken, nach denen die Gruppensitzungen einberu-

---

[17]s. Abschnitt 3.3

fen werden:[18]

Die Gruppenmitglieder entscheiden selbst, ob und wie sie sich untereinander abstimmen. Diese *freie Regelung* erhöht die Flexibilität des Instruments, fordert von den Mitgliedern aber auch eine größere Disziplin, denn die Anlässe sind nicht vorgegeben, sondern werden selbst bestimmt und möglicherweise nicht erkannt.

Zu bestimmten *Themen* werden Gruppensitzungen angesetzt, die dann verbindlich sind. Dadurch wird das Risiko durch subjektive Fehlentscheidungen, ob eine Gruppenentscheidung zu treffen ist, minimiert. Die Frage, welche Themen wichtig genug sind, ist vorher zu beantworten und kann sicherlich nicht vollständig beantwortet werden. Daher ist eine Sensibilisierung der Mitglieder notwendig, ob zu auftretenden Ereignissen, für die nicht explizit eine Versammlung vorgesehen ist, trotzdem die Gruppe einbezogen werden sollte.

Regelmäßig oder fallweise werden *Gremien* gebildet, die sich auch aus Personen verschiedener Funktionsbereiche zusammensetzen können und bereichsübergreifende Themen behandeln. Es besteht die Gefahr, daß die Stimmen einzelner Teilnehmer mehr Gewicht erhalten als die der anderen, was eine Gruppenentscheidung faktisch bedeutungslos machen würde und nicht mehr als Selbstabstimmung zu bezeichnen wäre.

Die angesprochenen Regelungen sind nicht überschneidungsfrei. Es ist sicherlich sinnvoll, regelmäßige Themensitzungen mit der Option auf außerordentliche Treffen einzurichten.

Die Frage, ob eine Koordination durch Selbstabstimmung oder durch persönliche Weisung vorzuziehen ist, kann nicht pauschal beantwortet werden, sondern hängt von verschiedenen Faktoren ab: Als Nachteil sollte der hohe

---

[18]Vgl. Kiesen, Kubicek/Organisation/ 107ff

Zeitbedarf genannt werden, der eine Konsensfindung in der Gruppe in Anspruch nimmt. Einzelne Teilnehmer können sich aus egoistischen Gründen gegen die allgemeine Gruppenmeinung stellen und so eine effektive Entscheidung blockieren. Auf der anderen Seite ist es aber auch möglich, daß sich die Gruppe zu sehr aufeinander abgestimmt hat und eine geschlossene Meinung vertritt. Außerdem läuft die Gruppe Gefahr, riskante Entscheidungen zu schnell zu akzeptieren.[19] Insgesamt muß die Gruppe die Ziele der Organisation verfolgen, die wiederum Anreize setzen kann, um die Gefahr von Opportunismus zu verringern.[20] Damit die Gruppe bessere Entscheidungen als ein Einzelner trifft, müssen sich die Teilnehmer gegenseitig ergänzen. Wenn alle Mitglieder im Grunde das gleiche Wissen, die gleichen Qualifikationen und die gleichen Sichtweisen haben, werden sie keine bessere Entscheidung treffen können als jeder für sich alleine.[21]

Allgemein kann die Deligation von Entscheidungen an Gruppen vor allem die Motivation der Mitarbeiter stärken. In einer stark hierarchischen Struktur werden die Entscheidungswege entlastet, die Mitarbeiter fühlen sich stärker involviert und mit der Aufgabe verbunden. Unter den genannten Voraussetzungen können eventuell bessere Ergebnisse entstehen als bei einer Individuums-Entscheidung. In einer dynamischen Umwelt ermöglicht insbesondere die Selbstabstimmung ohne Regelungen eine höhere Flexibilität. Gruppensitzungen sind besonders vorteilhaft, wenn viele Interessenvertreter anzuhören sind. Die Rahmenbedingungen ermöglichen aber einen fließenden Prozeß, so daß Gruppenentscheidungen einzig die Motivation der Mitarbeiter fördern könnte. Da sie in der Regel längere Zeit in Anspruch nehmen und weitere genannte Gefahren bergen, scheint dies unter den gegebenen Vor-

---

[19]Vgl. Frese/Grundlagen Organisation/ 172ff
[20]Vgl. Frese/Grundlagen Organisation/ 129f und 133ff
[21]Vgl. Frese/Gundlagen Organisation/ 175ff

aussetzungen kein geeignetes Instrument zu sein. Hinzu kommt, daß eine Selbstabstimmung teuer ist, da viele Personen an die zeitintensive Entscheidung gebunden sind.

3.3 Koordination durch Programme

Anders als die bisher betrachteten Instrumente kann eine Koordination durch Programme nur zur Vorauskoordination eingesetzt werden. Unter Programmen werden dabei verbindliche Handlungsanweisungen verstanden, wie bei Eintreten von Ereignissen zu verfahren ist. Die Detaillierung der Programme kann variieren und wirkt stark auf die Flexibilität einer Arbeitsinstanz ein. Je genauer dem Arbeitsträger einzelne Schritte vorgeschrieben sind, desto weniger Spielraum hat er bei der Bewertung von Ereignissen und der Durchführung des Programms. Neben Programmen kann die Koordination auch auf Plänen beruhen, die eine starke Ähnlichkeit zu Programmen aufweisen, aber eher das „Was" und nicht das „Wie" vorgeben. Sie können als Zielvorgaben verstanden werden. Zunächst werden in Programmen Problemklassen definiert, die den wahrgenommen Realitätsausschnitt begrenzen und somit zu unterschiedlichen Sichtweisen führen. Nachdem der Bearbeiter die Problemklasse identifiziert hat, kann er anhand des Problemklassenverfahrens eine Lösung erarbeiten. Dadurch, daß nur ein Teil der Umwelt betrachtet wird, wird auch die Komplexität reduziert. Das kann sowohl ein Nachteil als auch ein Vorteil sein, je nach Problemkontext. In einer stark dynamischen Umwelt wird man eher dazu neigen, dem Aufgabenträger große Spielräume bei der Bewertung und Durchführung zu lassen und nur in statischen Umweltsituationen kann die Koordination einzig auf Programmen beruhen, da nur dann eine vollständige Klassifizierung aller Ereignisse möglich ist.

Allgemein führt die Anwendung von Programmen zu einer Standardi-

14

sierung der Verfahrensweisen, was sich positiv auf die zeitliche Planbarkeit auswirkt. In der Softwareentwicklung können standardisierte Methoden und Werkzeuge eingesetzt werden, die den Mitarbeiter in den einzelnen Phasen unterstützen. Programmiervorschriften erhöhen die Möglichkeit zur Wiederverwendung und Änderbarkeit, was sich wiederum auf die Kosten auswirkt. Vorgaben von bestimmten Regeln können die Übertragbarkeit sichern, z.b. die Verwendung von Normen in der Programmierung wie POSIX. In verschiedenen Projekten lassen sich oft ähnliche Programme einsetzen, so daß deren Wiederverwendung Kosten reduziert.

3.4   Sonstige Koordinationsinstrumente

Die folgenden Instrumente fallen aus dem Rahmen der Gliederung, weil man ihnen kein steuerndes Medium zuzuordnen kann. Sie sollten aber trotzdem aufgrund ihrer Bedeutung genannt werden:

Mit *Unternehmenskultur* ist eine generelle Ausrichtung und Identität der Mitarbeiter eines Unternehmens gemeint. Ihnen liegen die gleichen oder ähnliche Annahmen über die Umwelt, der Organisation an sich und der darin arbeitenden Menschen zugrunde, sie haben eine gemeinsame Wertegrundlage über Richtlinien und Standards. Die Unternehmenskultur kann sich in äußerlich sichtbaren zeigen, z.b. in einem gleichartigen Auftreten (Kleidung, Umgangsformen, u.s.w.) der Mitarbeiter oder in bestimmten ritualisierten Handlungen. Ein Ziel ist es, ein einheitliches Deutungsmuster von Informationen zu erstellen, was den Koordinationsbedarf senkt und die Gefahr von Mißklassifizierungen von Ereignissen reduziert. Wenn sie den Mitarbeitern glaubhaft vermittelt und gelebt wird, trägt sie zu einem positivem Betriebsklima bei und führt zur Identifizierung der Mitarbeiter mit dem Unternehmen.[22]

Die Unternehmenskultur kann ein sehr mächtiges Instrument sein, weil sie „unsichtbar" die Werte des Unternehmens durchsetzt. Ein Unternehmen, das es irgendwie geschafft hat, Qualitätssicherung in den Köpfen der Mitarbeitern zu etablieren, braucht eigentlich gar keine eigene Abteilung mehr dafür. Leider ist dieses „Irgendwie" kein leicht zu analysierender Prozeß.[23]

Die *Rolle*, die ein Mitarbeiter in einem Unternehmen ausübt, ist Teil des Koordinationsmechanismus. Ein Qualitätssicherer weiß, daß sein generelles Aufgabengebiet in dem Auffinden von Fehlern oder im Sichern von festgelegten Standards liegt. Durch diese Spezialisierung von Personen auf bestimmte Aufgaben wird ein grundsätzlicher Teil der Koordination geleistet.

Eine weiteres Instrument zur Koordination sind *interne Märkte*. Abteilungen, denen man Gewinnverantwortlichkeit übergibt (sog. *Profit Center*), tauschen untereinander Leistung anhand von wirtschaftlichen Gesichtspunkten aus, wodurch ein internes Verrechnungs- und Koordinationssystem entsteht. In Hinblick auf die Kosten mag es sinnvoll sein, den verschiedenen Bereichen der Softwareentwicklung Gewinn- und Kostenverantwortlichkeit zu übertragen. Dieses Thema erscheint aber sehr komplex und es sind weitere Überlegungen notwendig, inwieweit dieses Konzept übertragbar ist, etwa inwieweit man die Leistungen der Qualitätssicherung verrechnet.

4 Zusammenfassung

Es wurde von den Voraussetzungen einer sehr statischen Umwelt ausgegangen, so daß eine Vorauskoordination durch Programme keine externen Einflüsse gestört werden kann. Theoretisch ist es möglich, ein genaues Vorgehen-

---

[22]Vgl. Macharzina/Unternehmensführung/ 213f
[23]Vgl. Frese/Grundlagen Organisation/ 152f

sprogramm zu erstellen, nachdem die Anforderungen in Phase 2 des Wasser-
fallmodells geklärt wurden. Macht man weitere Einschränken, z.B. daß der
Auftraggeber seine Vorstellungen eindeutig formulieren kann, kann ganz auf
eine Gruppensitzung verzichtet werden. Quellen von Störungen können also
nur im Unternehmen selbst liegen, zum Beispiel in einer ungenauen Spezifikation. Rückfragen und Einsatz persönlicher Weisung können hier helfen.
Eine angemessene Unternehmenskultur kann der Qualität des Produktes in
allen Merkmalen nutzen. Als Ziel wurde auch die Motivation der Mitarbeiter
definiert. Zu strikte programmatische Handlungsvorgaben wirken sich negativ auf die Motivation aus. Hier müssen Spielräume erhalten bleiben, damit
die Mitarbeiter das Produkt als „ihr Werk" betrachten können.

Neben den genannten Instrumenten kann versucht werden, den Koordinationsbedarf durch andere Maßnahmen zu reduzieren.[24] Eine Entkopplung
der einzelnen Entwicklungsphasen ist im streng sequentiellen Modell nicht
möglich, wohl aber bei Anwendung des inkrementellen Modells. Dort wird
ein Basissystem erstellt, das schrittweise erweitert wird. Eine weitere Möglichkeit besteht in einer breiteren Ausbildung der Mitarbeiter. Ein Software-
entwickler, der sich auch mit den Fachaspekten anderer Bereiche auskennt,
braucht weniger Anweisungen.

Der Bereich der Arbeitsteilung wurde nur recht knapp behandelt. Eventuell ist es notwendig, eine differenziertere Untersuchung der in der Softwareentwicklung eingesetzten Methoden durchzuführen. Als Resultat dieser Arbeit kann nur festgehalten werden, daß die Analyse der Aufgaben sich meist
nach Merkmalen der Aufgaben und Aufgabenträger orientiert. Das erscheint
auch sinnvoll, da es, anders als in der Industrie, wenig motorische Abläufe
gibt, die zu einem gemeinsamen Verrichtungsmerkmal führen können.

---

[24]Vgl. Kiesen/Kubicek/ 102f

Literatur

[Boehm/Software/] Barry W. Boehm: Software Engineering Economics. Englewood Cliffs 1981

[DIN/Qualitätsmerkmale/] DIN (Hrsg.): DIN 66272: Informationstechnik - Bewerten von Softwareprodukten - Qualitätsmerkmale und Leitfaden zu ihrer Verwendung. Identisch mit ISO/IEC 9126: 1991. Oktober 1994. Berlin 1994

[Eisenführ/Betriebwirtschaftslehre/] Franz Eisenführ: Einführung in die Betriebwirtschaftslehre. Stuttgart 1996

[Frese/Aufgabenanalyse/] Erich Frese: Aufgabenanalyse und -synthese. In: Erwin Grochla (Hrsg.): Handwörterbuch der Organisation. Stuttgart 1980, S.207-218

[Frese/Grundlagen Organisation/] Erich Frese: Grundlagen der Organisation. 6. Auflage, Wiesbaden 1995

[Kieser, Kubicek/Organisation/] Alfred Kieser, Herbert Kubicek: Organisation. 3. Auflage, Berlin New York 1992

[Macharzina/Unternehmensführung/] Klaus Macharzina: Unternehmensführung. 2. Auflage, Wiesbaden 1995

[Reiß/Arbeitsteilung/] Michael Reiß: Arbeitsteilung. In: Erich Frese (Hrsg.): Handwörterbuch der Organisation. 3. Auflage, Stuttgart 1992, S. 167-178

[Rühli/Koordination/] Edwin Rühli: Koordination. In: Erich Frese (Hrsg.): Handwörterbuch der Organisation. 3. Auflage, Stuttgart 1992, S. 1164-1175

[Stahlknecht/Wirtschaftsinformatik/] Peter Stahlknecht: Einführung in die Wirtschaftsinformatik. 7. Auflage, Berlin u.a. 1995

Thesenpapier

1. Gruppenentscheidungen sind nur in dynamischen Umwelten sinnvoll. In statischen Umweltbedingungen ist es immer besser, Entscheidungen von Einzelnen treffen zu lassen.

2. Persönliche Weisung ist ein ideales Instrument der Feedbackkoordination.

3. In statischen Umwelten kann auf Feedbackkoordination verzichtet werden.

4. Arbeitsteilung führt automatisch zu einer Reduktion der Kosten.

5. Programme können nur in statischen Umweltsituationen als Koordinationsinstrument eingesetzt werden.